школа - escuela — 2
путешествие - viaje — 5
транспорт - transporte — 8
город - ciudad — 10
ландшафт - paisaje — 14
ресторан - restaurante — 17
супермаркет - supermercado — 20
напитки - bebidas — 22
еда - comida — 23
ферма - granja — 27
дом - casa — 31
гостиная - sala — 33
кухня - cocina — 35
ванная комната - cuarto de baño — 38
детская комната - habitación de los niños — 42
одежда - ropa — 44
офис - oficina — 49
экономика - economía — 51
профессии - oficios — 53
инструменты - herramientas — 56
музыкальные инструменты - instrumentos musicales — 57
зоопарк - zoo — 59
спорт - deportes — 62
действия - actividades — 63
семья - familia — 67
тело - cuerpo — 68
больница - hospital — 72
неотложный случай - urgencia — 76
земля - tierra — 77
часы - hora(s) — 79
неделя - semana — 80
год - año — 81
формы - formas — 83
цвета - colores — 84
противоположности - opuestos — 85
цифры - números — 88
языки - idiomas — 90
кто / что / как - quién / qué / cómo — 91
где - dónde — 92

Impressum
Verlag: BABADADA GmbH, Nedderfeld 112 , 22529 Hamburg
Geschäftsführer / Verlagsleitung: Harald Hof
Druck: Books on Demand GmbH, In de Tarpen 42, 22848 Norderstedt

Imprint
Publisher: BABADADA GmbH, Nedderfeld 112 , 22529 Hamburg, Germany
Managing Director / Publishing direction: Harald Hof
Print: Books on Demand GmbH, In de Tarpen 42, 22848 Norderstedt, Germany

школа

escuela

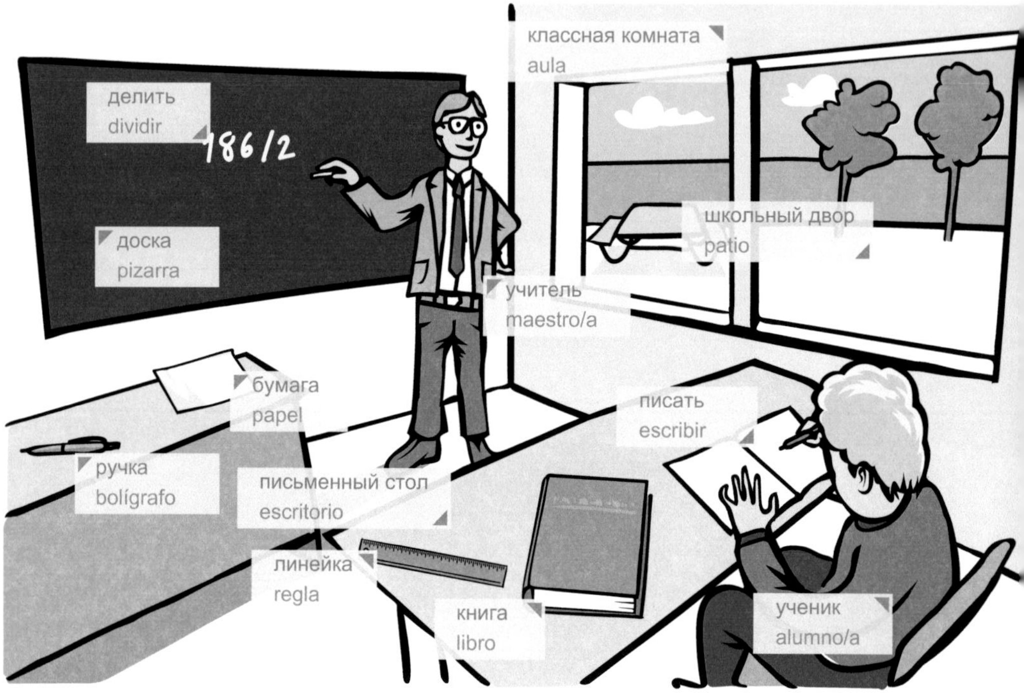

классная комната
aula
делить
dividir
186/2
доска
pizarra
школьный двор
patio
учитель
maestro/a
бумага
papel
писать
escribir
ручка
bolígrafo
письменный стол
escritorio
линейка
regla
книга
libro
ученик
alumno/a

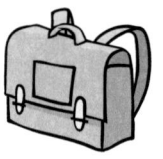

ранец

cartera

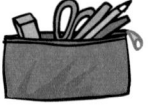

пенал

caja de lápices

карандаш

lápiz

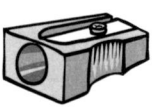

точилка

sacapuntas

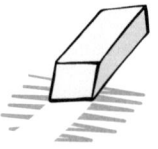

ластик

goma de borrar

альбом для рисования

cuaderno de dibujo

рисунок

dibujo

кисточка

pincel

коробка красок

caja de pinturas

ножницы

tijeras

клей

pegamento

тетрадь

cuaderno de ejercicios

домашняя работа

deberes

цифра

número

прибавлять

sumar

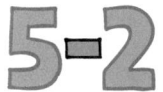

вычитать

restar

умножать

multiplicar

считать

calcular

буква

letra

алфавит

alfabeto

слово

palabra

текст

texto

читать

leer

мел

tiza

урок

lección

классный журнал

cuaderno de notas

экзамен

examen

диплом

certificado

школьная форма

uniforme escolar

образование

educación

энциклопедия

enciclopedia

университет

universidad

микроскоп

microscopio

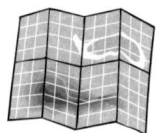

карта

mapa

корзина для бумаг

papelera

путешествие
viaje

гостиница
hotel
Grand
турбаза
albergue
ROOMS
EXCHANGE
пункт обмена валюты
oficina de cambio de divisas
чемодан
maleta
автомобиль
coche

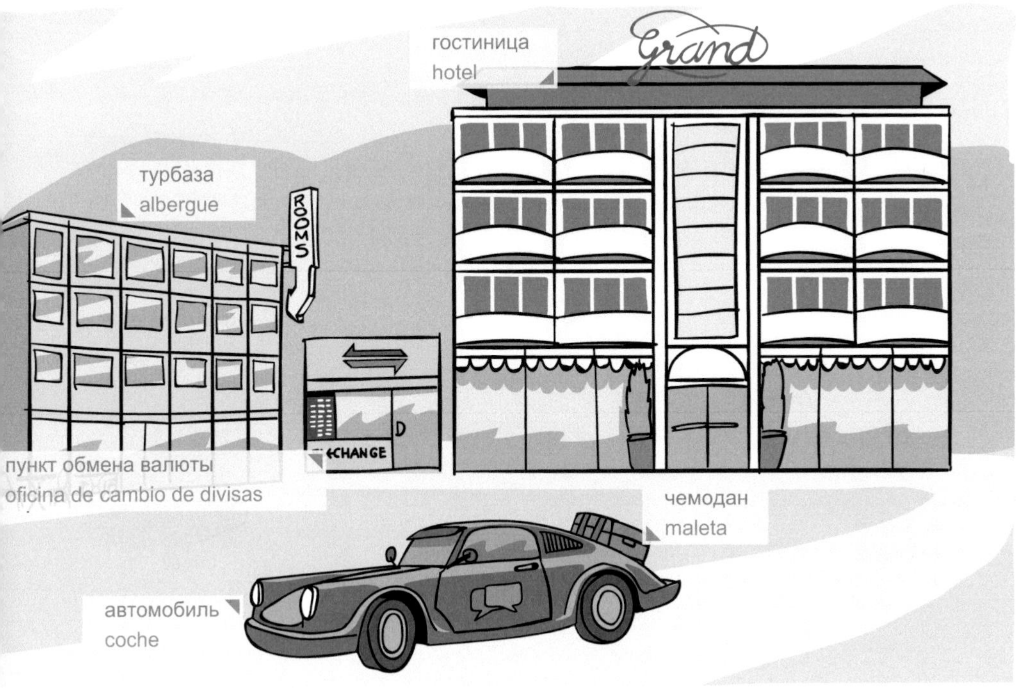

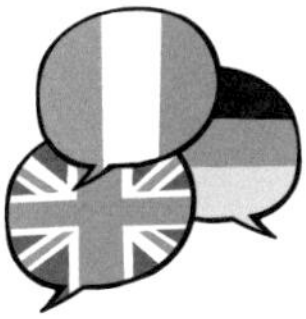

язык
idioma

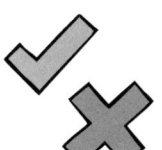

да / нет
sí / no

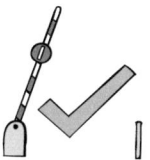

хорошо
Vale

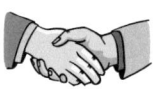

Привет
hola

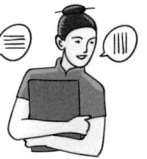

переводчик
traductor

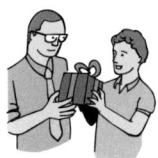

Спасибо
Gracias

Сколько стоит…?

¿cuánto es…?

Я не понимаю

No entiendo

проблема

problema

Добрый вечер!

¡Buenas tardes!

Доброе утро!

¡Buenos días!

Доброй ночи!

¡Buenas noches!

До свидания

adiós

направление

dirección

багаж

equipaje

сумка

bolsa

рюкзак

mochila

гость

invitado

комната

habitación

спальный мешок

saco de dormir

палатка

tienda de campaña

туристическая
информация
información turística

пляж

playa

кредитная карточка

tarjeta de crédito

завтрак

desayuno

обед

almuerzo

ужин

cena

билет

billete

лифт

ascensor

почтовая марка

sello

граница

frontera

таможня

aduana

посольство

embajada

виза

visa

паспорт

pasaporte

транспорт
transporte

самолёт
avión

корабль
barco

пожарный автомобиль
coche de bomberos

автобус
autobús

грузовик
camión

моторная лодка
lancha a motor

велосипед
bicicleta

автомобиль
coche

паром

transbordador

лодка

barca

мотоцикл

moto

полицейский автомобиль

coche de policía

гоночный автомобиль

coche de carreras

арендованный
автомобиль
coche de alquiler

совместное пользование
автомобилями

préstamo de vehículos

буксировочный
автомобиль
grúa

мусоровоз

camión de la basura

двигатель

motor

топливо

gasolina

заправка

gasolinera

дорожный знак

señal de tráfico

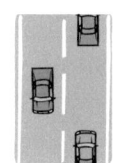

движение

tráfico

пробка

atasco

автостоянка

aparcamiento

вокзал

estación de tren

рельсы

vías

поезд

tren

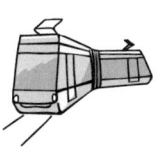

трамвай

tranvía

вагон

vagón

вертолёт

helicóptero

аэропорт

aeropuerto

вышка

torre

пассажир

pasajero

контейнер

contenedor

коробка

caja de cartón

тележка

carretilla

корзина

cesta

взлетать / приземляться

despegar / aterrizar

город

ciudad

деревня

pueblo

центр города

centro de ciudad

дом

casa

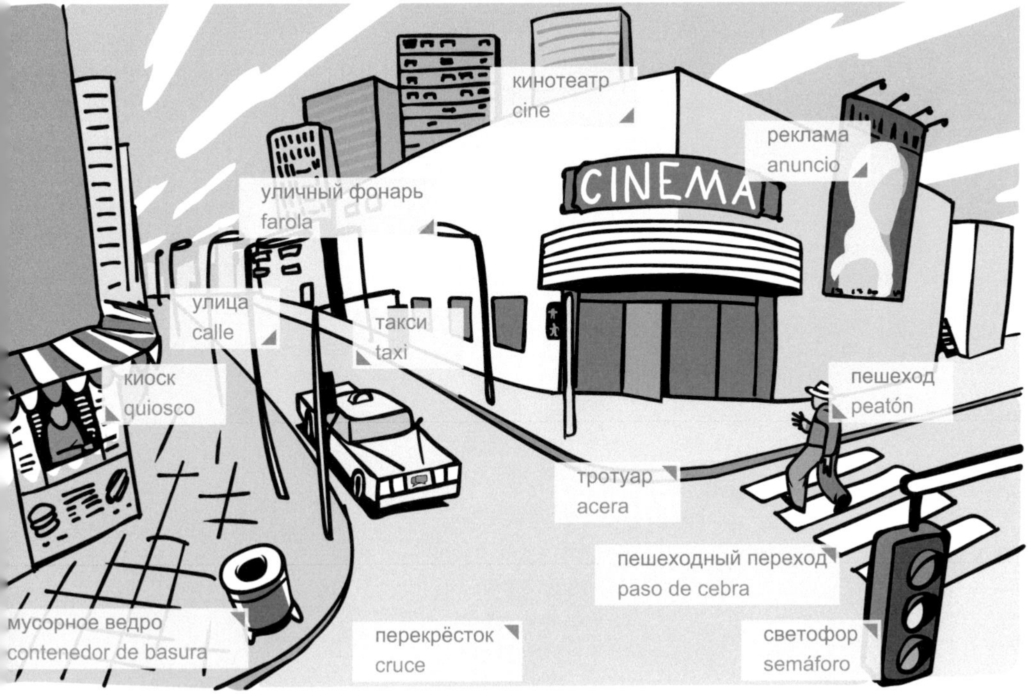

кинотеатр
cine

реклама
anuncio

уличный фонарь
farola

улица
calle

такси
taxi

пешеход
peatón

киоск
quiosco

CINEMA

тротуар
acera

пешеходный переход
paso de cebra

мусорное ведро
contenedor de basura

перекрёсток
cruce

светофор
semáforo

хижина

cabaña

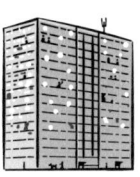

квартира

apartamento

вокзал

estación de tren

ратуша

ayuntamiento

музей

museo

школа

escuela

университет

universidad

банк

banco

больница

hospital

гостиница

hotel

аптека

farmacia

офис

oficina

книжный магазин

librería

магазин

tienda

цветочный магазин

floristería

супермаркет

supermercado

рынок

mercado

универмаг

grandes almacenes

торговец рыбой

pescadería

торговый центр

centro comercial

порт

puerto

парк

parque

скамейка

banco

мост

puente

лестница

escaleras

метро

metro

тоннель

túnel

автобусная остановка

parada de autobús

бар

bar

ресторан

restaurante

почтовый ящик

buzón

табличка с названием улицы

poste indicador

паркометр

parquímetro

зоопарк

zoo

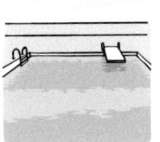

бассейн

piscina

мечеть

mezquita

ферма

granja

загрязнение окружающей
среды

contaminación

кладбище

cementerio

церковь

iglesia

детская площадка

patio de juego

храм

templo

ландшафт

paisaje

лист
hoja

дорожный указатель
señal

дорога
camino

луг
prado

камень
piedra

путешественник
excursionista

дерево
árbol

река
río

трава
hierba

цветок
flor

долина

valle

гора

colina

озеро

lago

лес

bosque

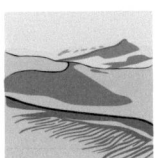

пустыня

desierto

вулкан

volcán

замок

castillo

радуга

arcoíris

гриб

champiñón

пальма

palmera

комар

mosquito

муха

mosca

муравей

hormiga

пчела

abeja

паук

araña

ландшафт - paisaje

жук

escarabajo

лягушка

rana

белка

ardilla

еж

erizo

заяц

liebre

сова

lechuza

птица

pájaro

лебедь

cisne

кабан

jabalí

олень

ciervo

лось

alce

плотина

presa

ветряной генератор

turbina eólica

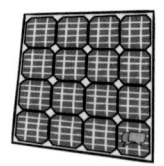

солнечная батарея

panel solar

климат

clima

ресторан
restaurante

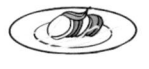

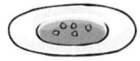

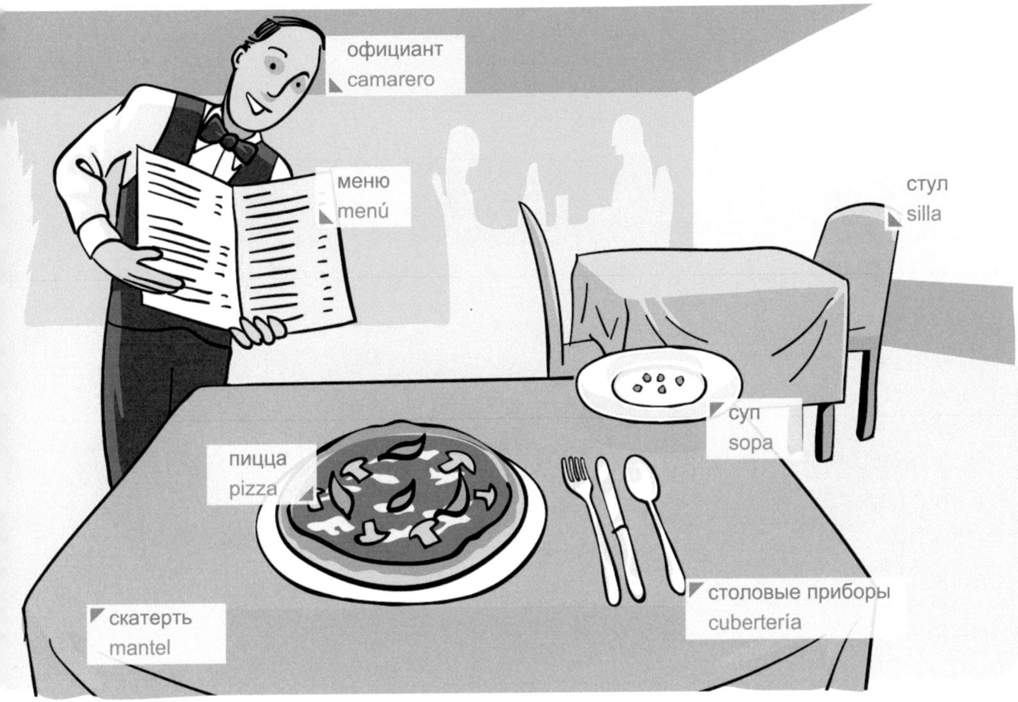
официант
camarero
меню
menú
стул
silla
суп
sopa
пицца
pizza
столовые приборы
cubertería
скатерть
mantel

закуска

primer plato

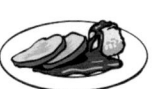

главное блюдо

plato principal

десерт

postre

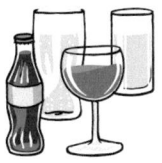

напитки

bebidas

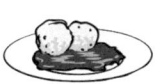

еда

comida

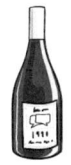

бутылка

botella

фастфуд

comida rápida

уличная еда

comida callejera

чайник

tetera

сахарница

azucarero

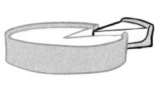

порция

porción

кофеварка

cafetera expreso

детский стульчик

trona

счет

cuenta

поднос

bandeja

нож

cuchillo

вилка

tenedor

ложка

cuchara

чайная ложка

cucharilla

салфетка

servilleta

стакан

vaso

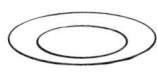

тарелка

plato

суповая тарелка

plato hondo

блюдце

platillo

соус

salsa

солонка

salero

мельница для перца

molinillo de pimienta

уксус

vinagre

масло

aceite

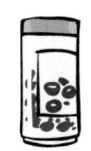

специи

especias

кетчуп

ketchup

горчица

mostaza

майонез

mayonesa

супермаркет
supermercado

специальное предложение
oferta especial
FOR
покупатель
cliente
молочные продукты
lácteos
фрукты
fruta
тележка для покупок
carro de la compra

BUTCHERS

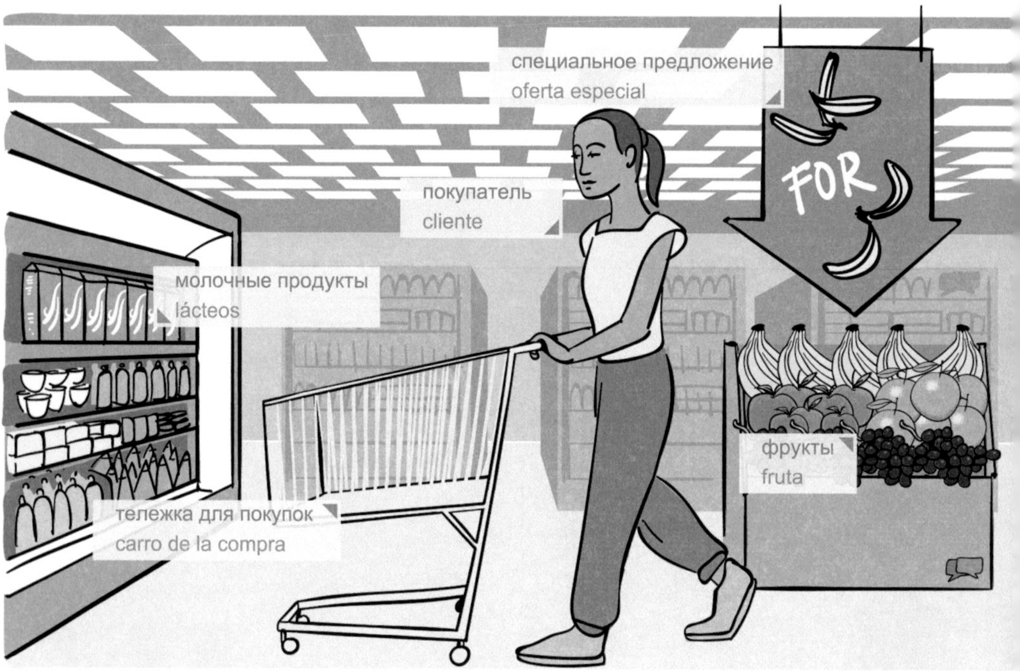

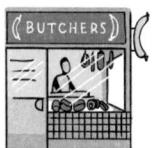

мясной магазин

carnicería

BAKERY

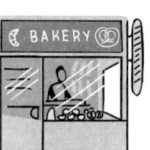

пекарня

panadería

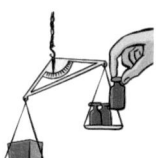

взвешивать

pesar

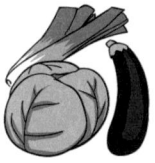

овощи

verduras

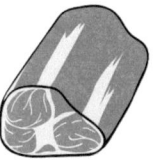

мясо

carne

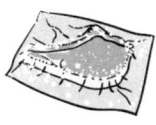

быстрозамороженные продукты

alimentos congelados

нарезка

fiambres

консервы

conservas

стиральный порошок

detergente en polvo

сладости

dulces

предмет домашнего обихода

productos de uso doméstico

моющее средство

productos de limpieza

продавщица

vendedora

касса

caja

кассир

cajero

список покупок

lista de la compra

время работы

horario de atención al público

бумажник

cartera

кредитная карточка

tarjeta de crédito

сумка

bolsa

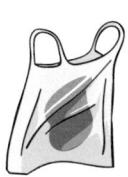

полиэтиленовый пакет

bolsa de plástico

вода

agua

сок

zumo

молоко

leche

кока-кола

cola

вино

vino

пиво

cerveza

алкоголь

alcohol

какао

cacao

чай

té

кофе

café

эспрессо

expreso

капучино

capuchino

банан

plátano

яблоко

manzana

апельсин

naranja

арбуз

melón

лимон

limón

морковь

zanahoria

чеснок

ajo

бамбук

bambú

лук

cebolla

гриб

champiñón

орехи

avellanas

лапша

fideos

спагетти

espagueti

рис

arroz

салат

ensalada

картофель фри

patatas fritas

жареный картофель

patatas fritas

пицца

pizza

гамбургер

hamburguesa

сэндвич

sándwich

шницель

filete

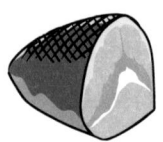

ветчина

jamón

салями

salami

колбаса

salchicha

курица

pollo

жаркое

asado

рыба

pescado

овсяные хлопья

copos de avena

мюсли

muesli

кукурузные хлопья

copos de maíz

мука

harina

круассан

cruasán

булочка

panecillo

хлеб

pan

тост

tostada

печенье

galletas

масло

mantequilla

творог

cuajada

пирог

pastel

яйцо

huevo

яичница

huevo frito

сыр

queso

мороженое

helado

сахар

azúcar

мёд

miel

мармелад

mermelada

крем с нугой

crema de turrón

карри

curry

ферма
granja

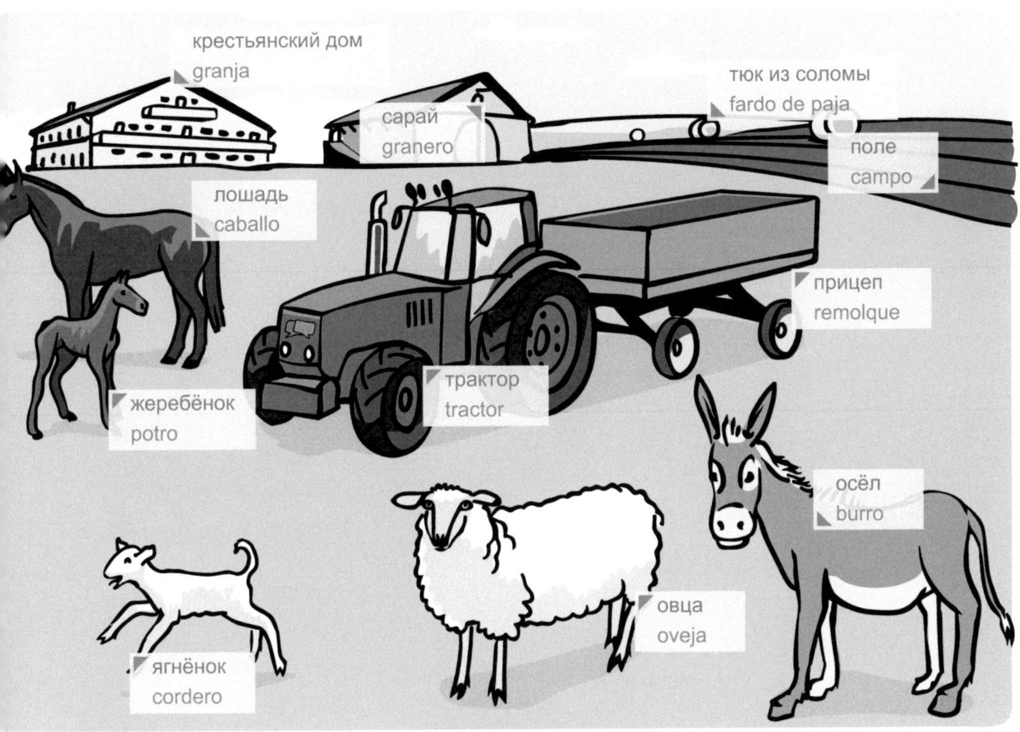

крестьянский дом
granja
сарай
granero
тюк из соломы
fardo de paja
поле
campo
лошадь
caballo
прицеп
remolque
жеребёнок
potro
трактор
tractor
осёл
burro
овца
oveja
ягнёнок
cordero

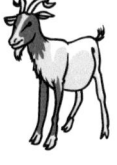

коза

cabra

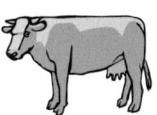

корова

vaca

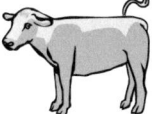

телёнок

ternero

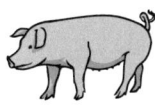

свинья

cerdo

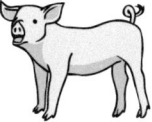

поросёнок

cerdito

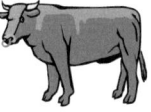

бык

toro

гусь

ganso

утка

pato

цыплёнок

pollo

курица

gallina

петух

gallo

крыса

rata

кошка

gato

мышь

ratón

вол

buey

собака

perro

конура

perrera

садовый шланг

manguera

лейка

regadera

коса

guadaña

плуг

arado

ферма - granja

серп

hoz

мотыга

azada

навозные вилы

horca

топор

hacha

тачка

carretilla

корыто

abrevadero

бидон для молока

lechera

мешок

saco

забор

valla

хлев

establo

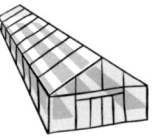

теплица

invernadero

почва

suelo

посев

semilla

удобрение

fertilizador

комбайн

cosechadora

собирать урожай

cosechar

урожай

cosecha

ямс

ñame

пшеница

trigo

соя

soja

картофель

patata

кукуруза

maíz

рапс

semilla de colza

фруктовое дерево

árbol frutal

маниок

mandioca

злаки

cereales

дом

casa

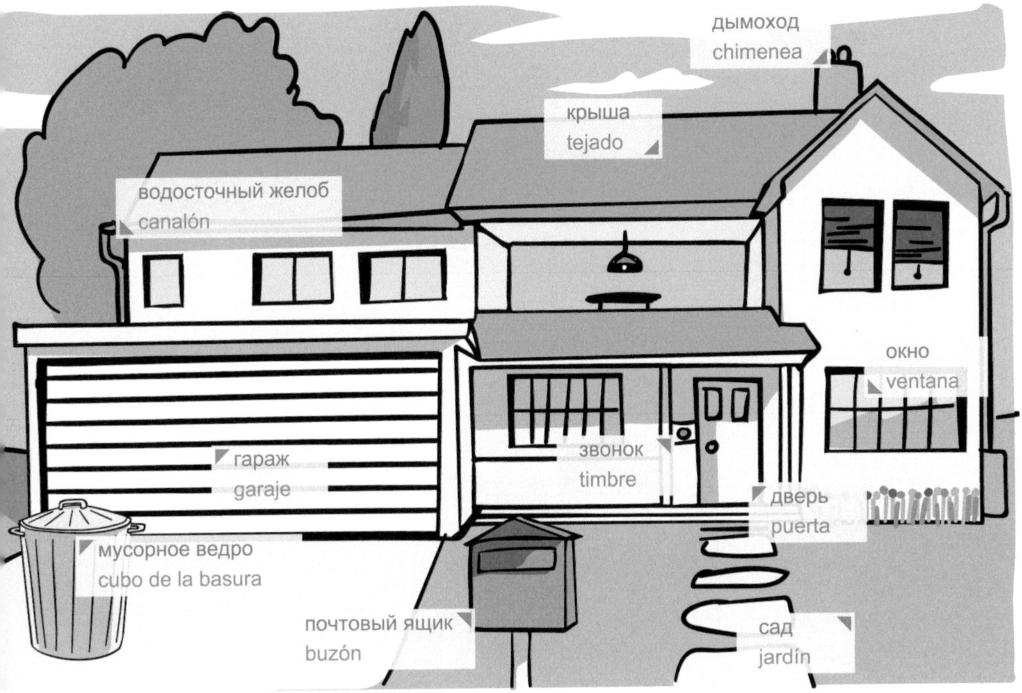
дымоход
chimenea
крыша
tejado
водосточный желоб
canalón
окно
ventana
звонок
timbre
гараж
garaje
дверь
puerta
мусорное ведро
cubo de la basura
почтовый ящик
buzón
сад
jardín

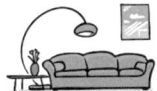

гостиная

sala

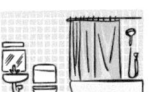

ванная комната

cuarto de baño

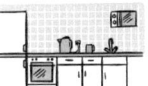

кухня

cocina

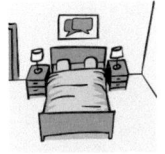

спальня

dormitorio

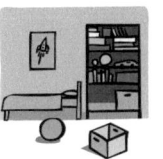

детская комната

habitación de los niños

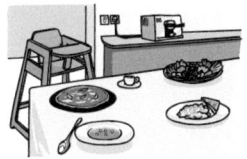

столовая

comedor

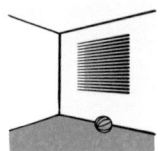

пол

suelo

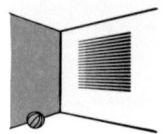

стена

pared

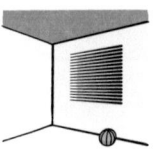

потолок

techo

подвал

sótano

сауна

sauna

балкон

balcón

терраса

terraza

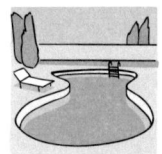

бассейн

piscina

газонокосилка

cortacésped

пододеяльник

sábana

покрывало

colcha

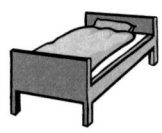

кровать

cama

метла

escoba

ведро

balde

выключатель

interruptor

гостиная

sala

обои
papel pintado
рисунок
imagen
лампа
lámpara
полка
estante
шкаф
armario
телевизор
televisión
камин
chimenea
цветок
flor
подушка
cojín
диван
sofá
ваза
jarrón
пульт дистанционного управления
mando a distancia

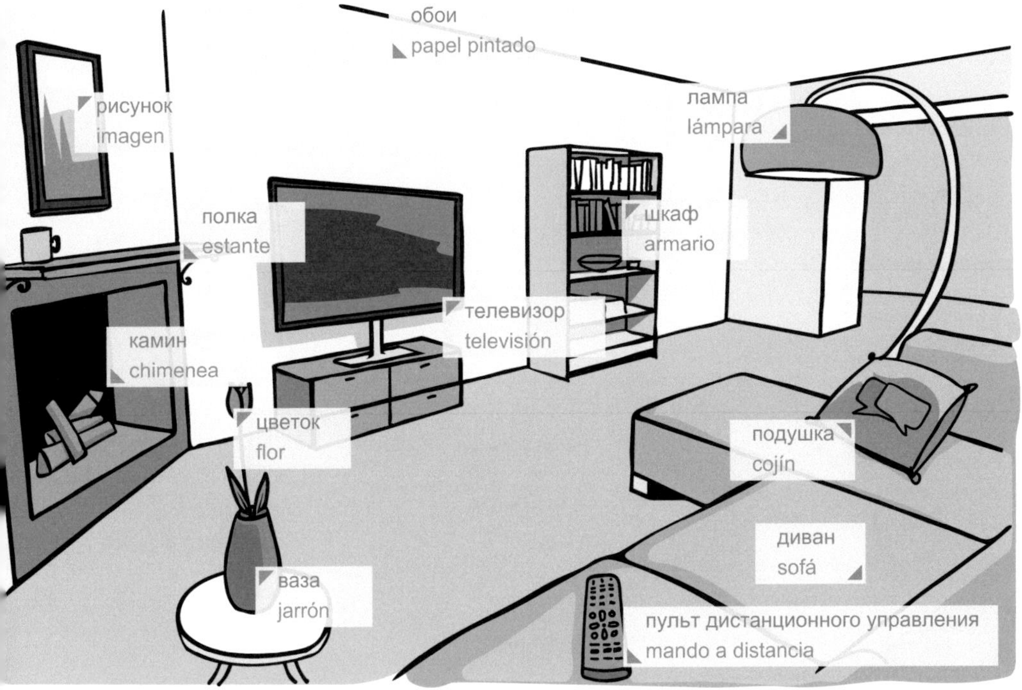

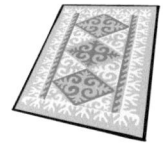

ковёр

alfombra

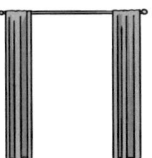

штора

cortina

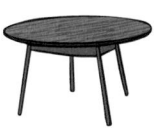

стол

mesa

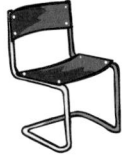

стул

silla

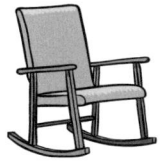

кресло-качалка

mecedora

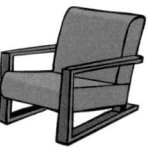

кресло

butaca

книга

libro

покрывало

manta

украшение

decoración

дрова

leña

фильм

película

стереосистема

equipo de música

ключ

llave

газета

periódico

картина

pintura

плакат

póster

радио

radio

блокнот

cuaderno

пылесос

aspiradora

кактус

cactus

свеча

vela

кухня
cocina

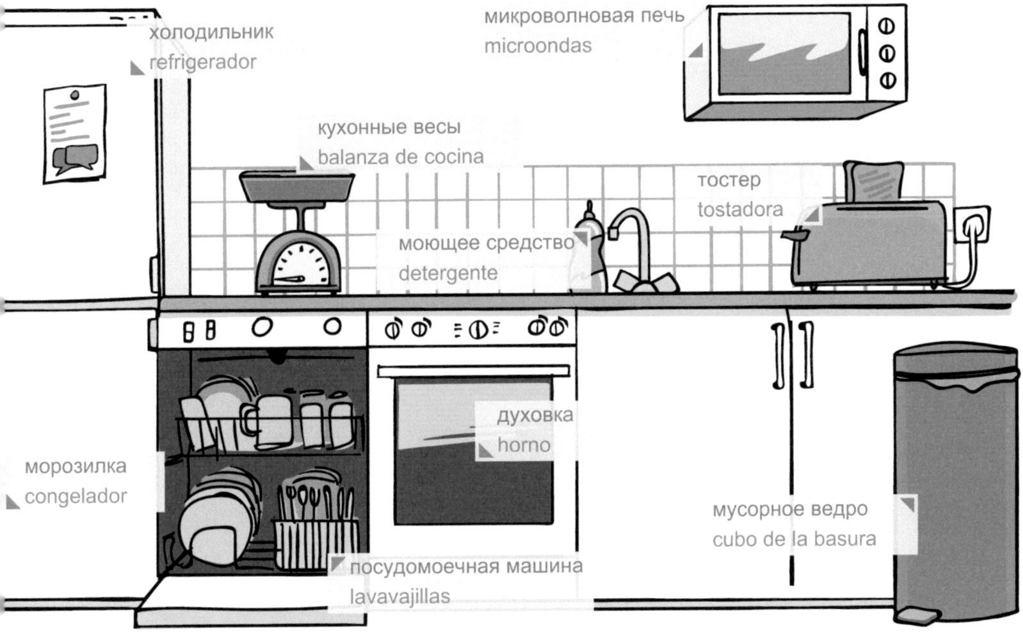

холодильник
refrigerador
микроволновая печь
microondas
кухонные весы
balanza de cocina
тостер
tostadora
моющее средство
detergente
духовка
horno
морозилка
congelador
мусорное ведро
cubo de la basura
посудомоечная машина
lavavajillas

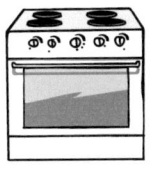

плита

olla a presión

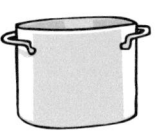

кастрюля

olla

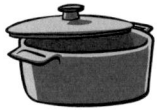

чугунный котелок

olla de hierro fundido

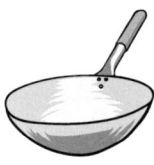

вок / кадай

wok / karahi

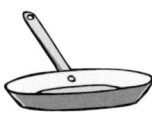

сковорода

cazuela

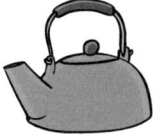

чайник

hervidor

пароварка

vaporera

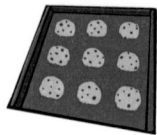

противень

chapa de horno

посуда

vajilla

кружка

taza

миска

tazón

палочки для еды

palillos

половник

cucharón

лопатка

espumadera

сбивалка

batidor

сито

colador

сито

cedazo

тёрка

rallador

ступка

mortero

гриль

barbacoa

костёр

hoguera

доска

tabla de picar

скалка

rodillo

штопор

sacacorchos

жестяная банка

lata

консервный нож

abrelatas

прихватка

agarrador

раковина

lavabo

щетка

cepillo

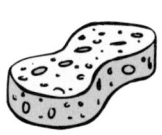

губка

esponja

миксер

batidora

морозильная камера

congelador

бутылочка для кормления

biberón

кран

grifo

ванная комната
cuarto de baño

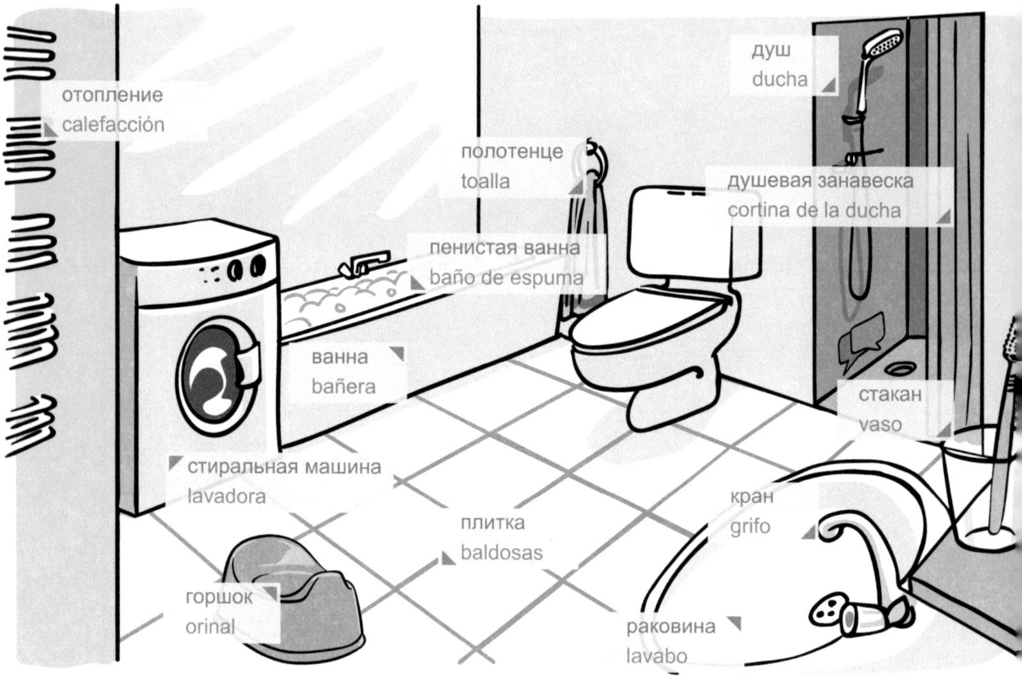

отопление
calefacción

душ
ducha

полотенце
toalla

душевая занавеска
cortina de la ducha

пенистая ванна
baño de espuma

ванна
bañera

стакан
vaso

стиральная машина
lavadora

кран
grifo

плитка
baldosas

горшок
orinal

раковина
lavabo

туалет

inodoro

напольный унитаз

inodoro rústico

биде

bidé

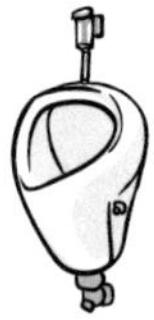

писсуар

urinario

туалетная бумага

papel higiénico

ершик

escobilla del váter

зубная щетка

cepillo de dientes

зубная паста

pasta de dientes

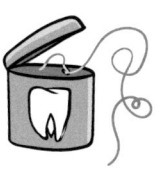

зубная нить

hilo dental

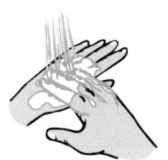

мыть

lavar

ручной душ

ducha de mano

интимный душ

ducha íntima

таз

pila

щетка для спины

cepillo de espalda

мыло

jabón

гель для душа

gel de ducha

шампунь

champú

мочалка

toallita

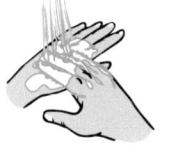

сток

desagüe

крем

crema

дезодорант

desodorante

зеркало

espejo

ручное зеркало

espejo de tocador

бритва

maquinilla de afeitar

пена для бритья

espuma de afeitar

лосьон после бритья

loción postafeitado

расческа

peine

щетка

cepillo

фен

secador

лак для волос

laca

косметика

maquillaje

губная помада

pintalabios

лак для ногтей

pintauñas

вата

algodón

маникюрные ножницы

cortauñas

духи

perfume

косметичка

estuche de viaje

табуретка

banqueta

весы

balanza

халат

albornoz

резиновые перчатки

guantes de goma

тампон

tampón

гигиеническая прокладка

compresa

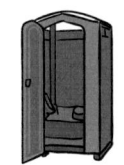

биотуалет

inodoro químico

детская комната
habitación de los niños

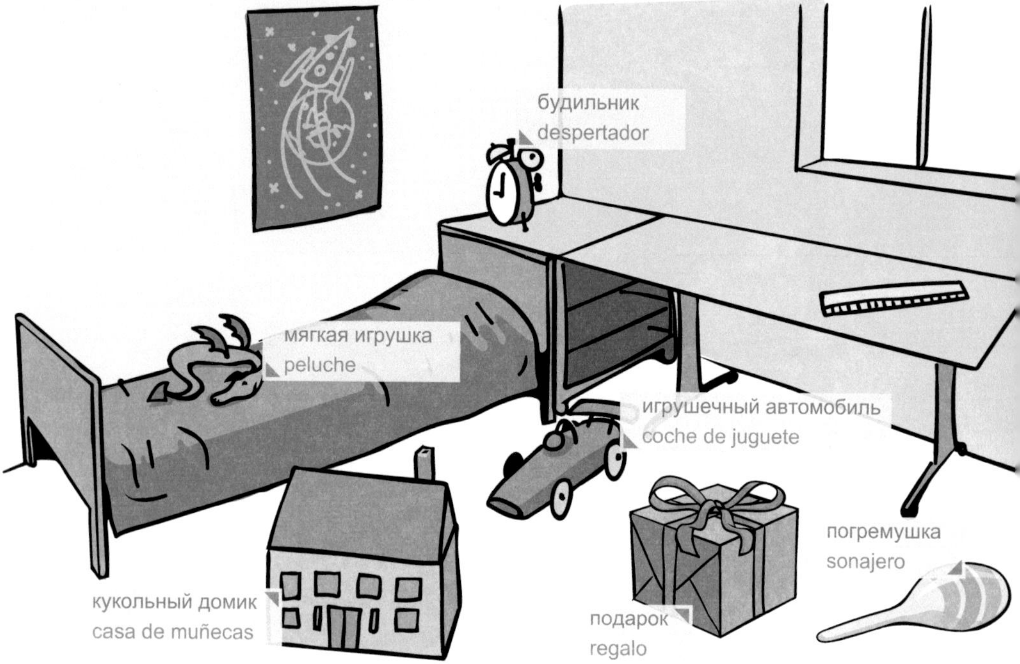
будильник
despertador
мягкая игрушка
peluche
игрушечный автомобиль
coche de juguete
погремушка
sonajero
кукольный домик
casa de muñecas
подарок
regalo

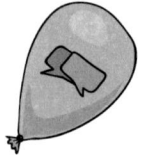

воздушный шар

globo

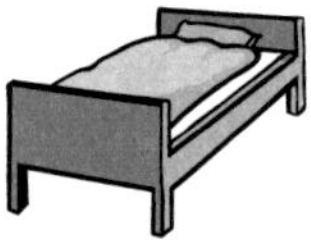

кровать

cama

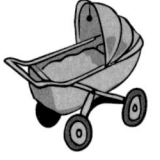

детская коляска

coche de niño

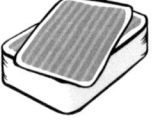

карточная игра

naipes

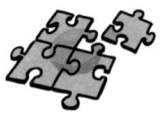

пазл

puzle

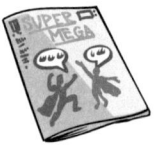

комикс

tebeo

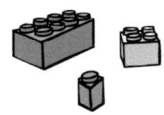

кирпичики Лего

piezas de lego

кубики

bloques de juguete

игрушечная фигурка

figura de acción

ползунки

bodi (de bebé)

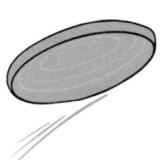

фрисби

frisbee

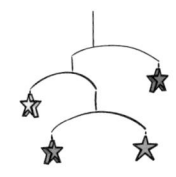

мобиле

colgador móvil para bebés

настольная игра

juego de mesa

кубик

dados

модель железной дороги

circuito de tren eléctrico

соска

maniquí

вечеринка

fiesta

книга с картинками

álbum de fotos

мяч

pelota

кукла

muñeca

играть

jugar

песочница

cajón de arena

качели

columpio

игрушка

juguetes

игровая приставка

videoconsola

трёхколесный велосипед

triciclo

плюшевый медвежонок

oso de peluche

шкаф для одежды

guardarropa

одежда

ropa

носки

calcetines

чулки

medias

колготки

leotardos

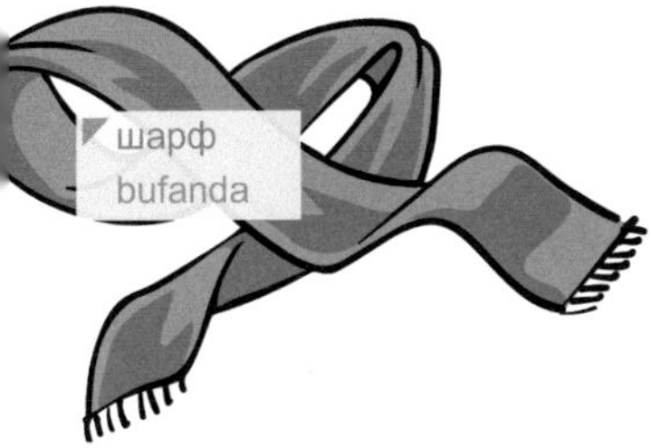

шарф
bufanda

зонтик
paraguas

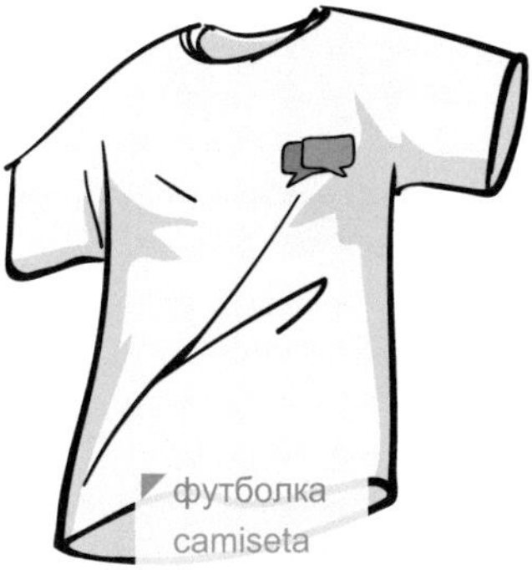

ремень
cinturón

футболка
camiseta

сапоги
botas

тапки
zapatillas

кроссовки
deportivas

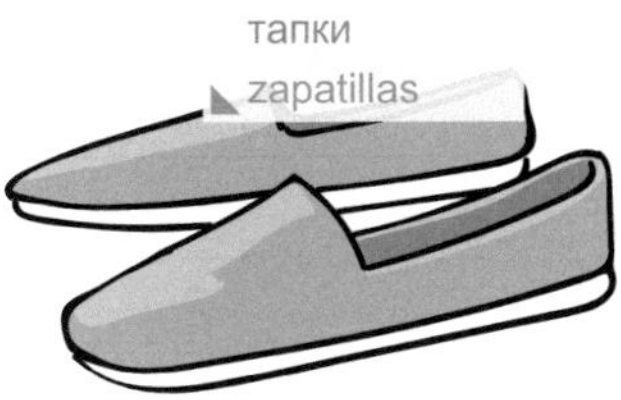

сандалии
....
sandalias

ботинки
....
zapatos

резиновые сапоги
....
botas de goma

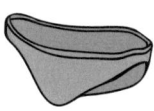

трусы
....
slip

бюстгальтер
....
sostén

майка
....
chaleco

боди

bodi

брюки

pantalones

джинсы

vaqueros

юбка

falda

блузка

blusa

рубашка

camisa

свитер

jersey

свитер

suéter

спортивная куртка

blazer

жакет

chaqueta

пальто

abrigo

плащ

gabardina

костюм

traje

платье

vestido

свадебное платье

vestido de novia

мужской костюм

traje

ночная сорочка

camisón

пижама

pijama

сари

sari

платок

bandana

тюрбан

turbante

паранджа

burka

кафтан

caftán

абайя

abaya

купальник

traje de baño

плавки

bañador

шорты

pantalones cortos

спортивный костюм

chándal

фартук

delantal

перчатки

guantes

пуговица

botón

очки

gafas

браслет

brazalete

цепочка

collar

кольцо

anillo

серьга

pendiente

шапка

gorra

вешалка

percha

шляпа

sombrero

галстук

corbata

застежка молния

cremallera

шлем

casco

подтяжки

tirantes

школьная форма

uniforme escolar

форма

uniforme

детский нагрудник

babero

соска

maniquí

подгузник

pañal

офис
oficina

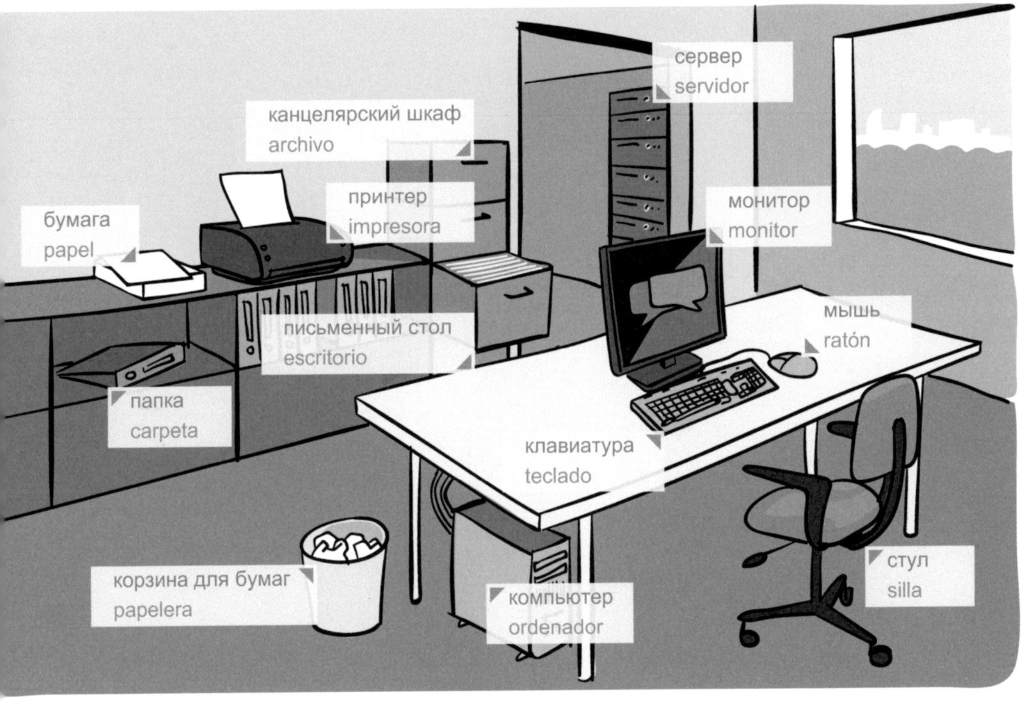

сервер
servidor

канцелярский шкаф
archivo

принтер
impresora

монитор
monitor

бумага
papel

письменный стол
escritorio

мышь
ratón

папка
carpeta

клавиатура
teclado

корзина для бумаг
papelera

компьютер
ordenador

стул
silla

кофейная кружка

taza de café

калькулятор

calculadora

интернет

internet

ноутбук

portátil

письмо

carta

сообщение

mensaje

мобильный телефон

móvil

сеть

red

ксерокс

fotocopiadora

программа

software

телефон

teléfono

розетка

toma de corriente

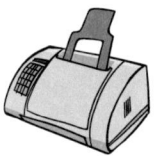

факс

fax

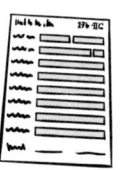

формуляр

formulario

документ

documento

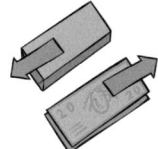

покупать

comprar

платить

pagar

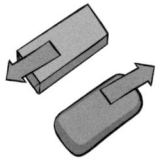

торговать

comerciar

деньги

dinero

доллар

dólar

евро

euro

иена

yen

рубль

rublo

франк

franco suizo

жэньминьби юань

renminbi yuan

рупия

rupia

банкомат

cajero automático

пункт обмена валюты

oficina de cambio de divisas

золото

oro

серебро

plata

нефть

petróleo

энергия

energía

цена

precio

договор

contrato

налог

impuesto

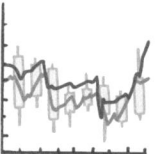

акция

acción

работать

trabajar

служащий

empleado

работодатель

empleador

фабрика

fábrica

магазин

tienda

профессии
oficios

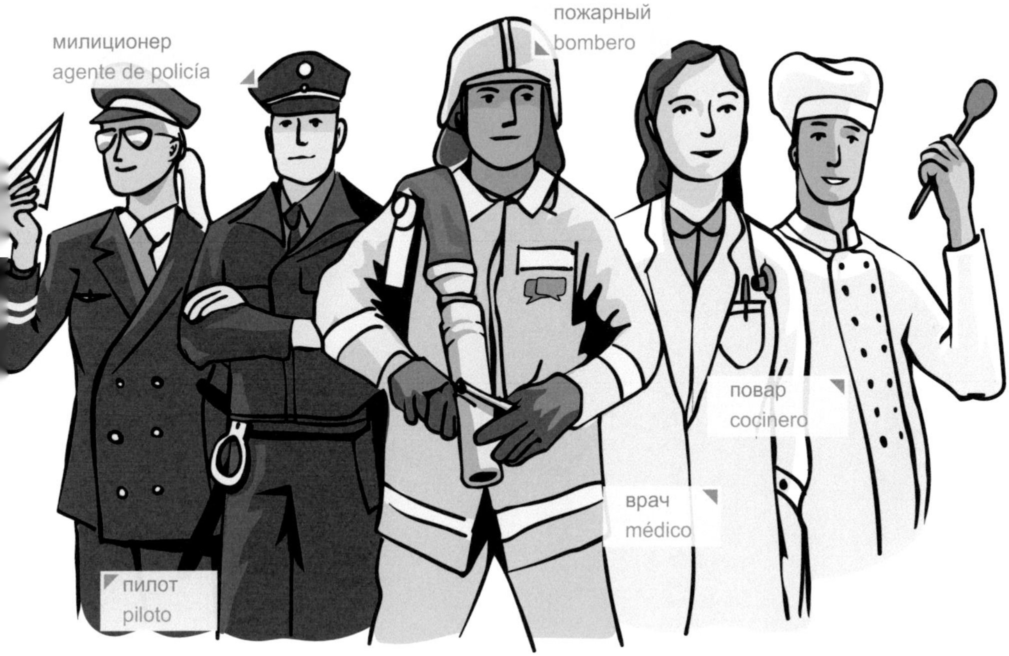
милиционер
agente de policía
пожарный
bombero
повар
cocinero
врач
médico
пилот
piloto

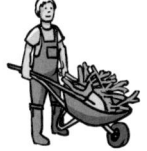

садовник
jardinero

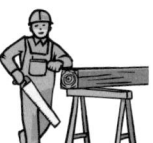

столяр
carpintero

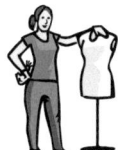

швея
costurera

судья
juez

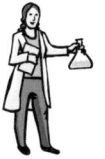

химик
farmacéutico

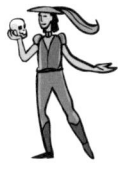

актёр
actor

водитель автобуса

conductor de autobús

таксист

taxista

рыбак

pescador

уборщица

señora de la limpieza

кровельщик

techador

официант

camarero

охотник

cazador

художник

pintor

пекарь

panadero

электрик

electricista

строитель

obrero

инженер

ingeniero

мясник

carnicero

сантехник

fontanero

почтальон

cartero

солдат

soldado

архитектор

arquitecto

кассир

cajero

флорист

florista

парикмахер

peluquero

кондуктор

revisor

механик

mecánico

капитан

capitán

зубной врач

dentista

ученый

científico

раввин

rabino

имам

imán

монах

monje

священник

sacerdote

инструменты
herramientas

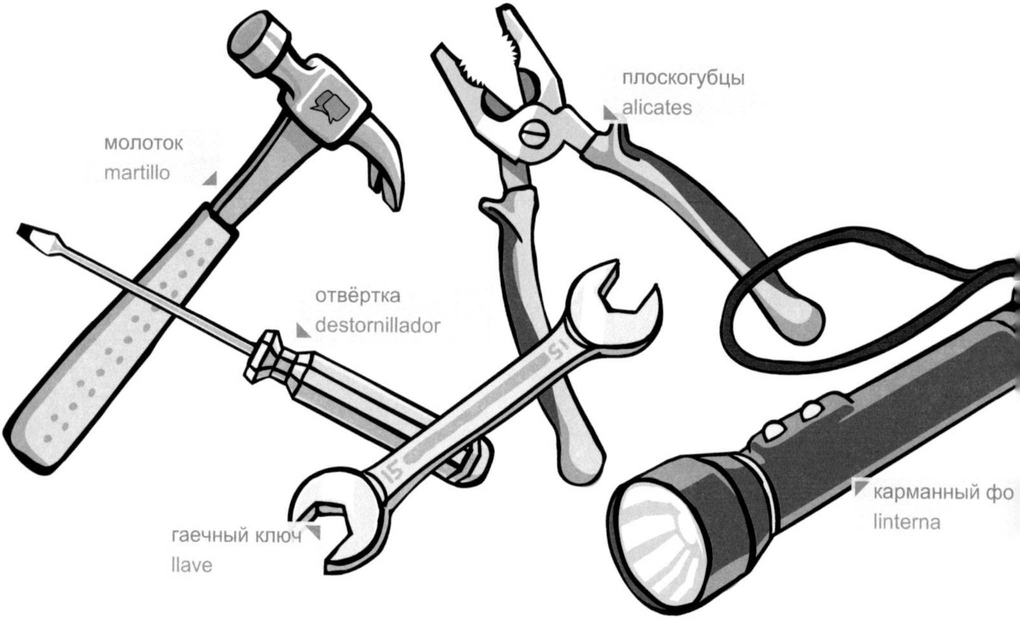

молоток
martillo
плоскогубцы
alicates
отвёртка
destornillador
гаечный ключ
llave
карманный фо
linterna

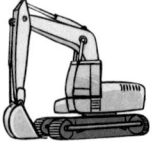

экскаватор

excavadora

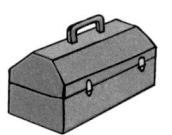

ящик для инструментов

caja de herramientas

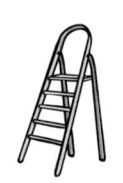

стремянка

escalera de mano

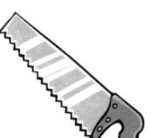

пила

sierra

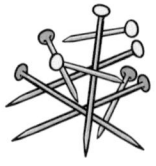

гвозди

clavos

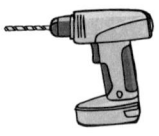

дрель

taladro

ремонтировать

reparar

лопата

pala

Блин!

¡Maldita sea!

совок

recogedor

ведро с краской

bote de pintura

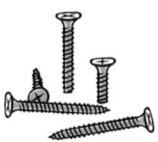

винты

tornillos

музыкальные инструменты

instrumentos musicales

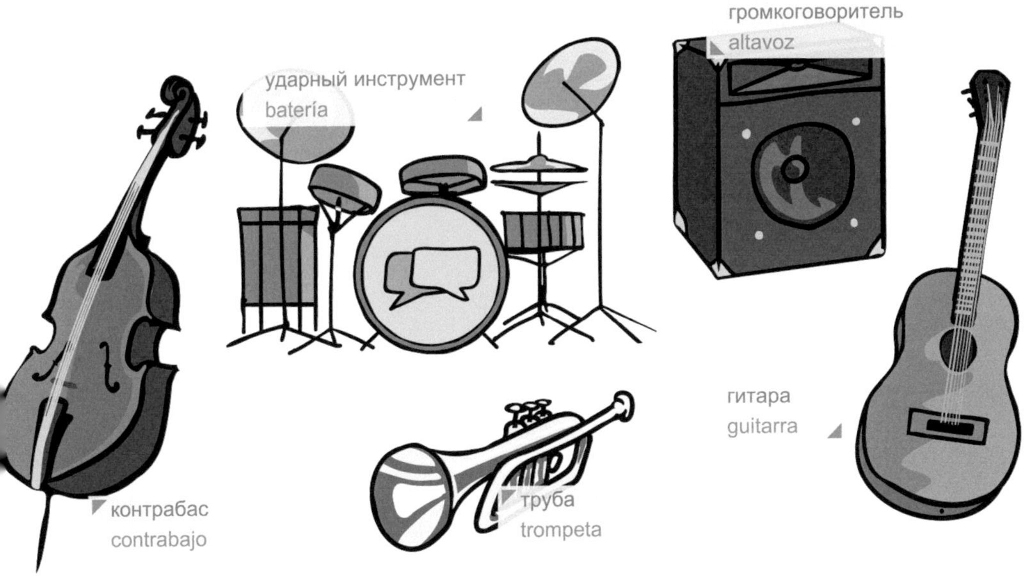

громкоговоритель
altavoz

ударный инструмент
batería

гитара
guitarra

контрабас
contrabajo

труба
trompeta

пианино

piano

скрипка

violín

бас-гитара

bajo

литавры

timbales

барабан

tambor

синтезатор

teclado

саксофон

saxofón

флейта

flauta

микрофон

micrófono

зоопарк

zoo

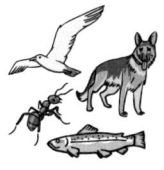

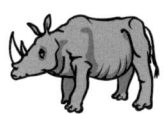

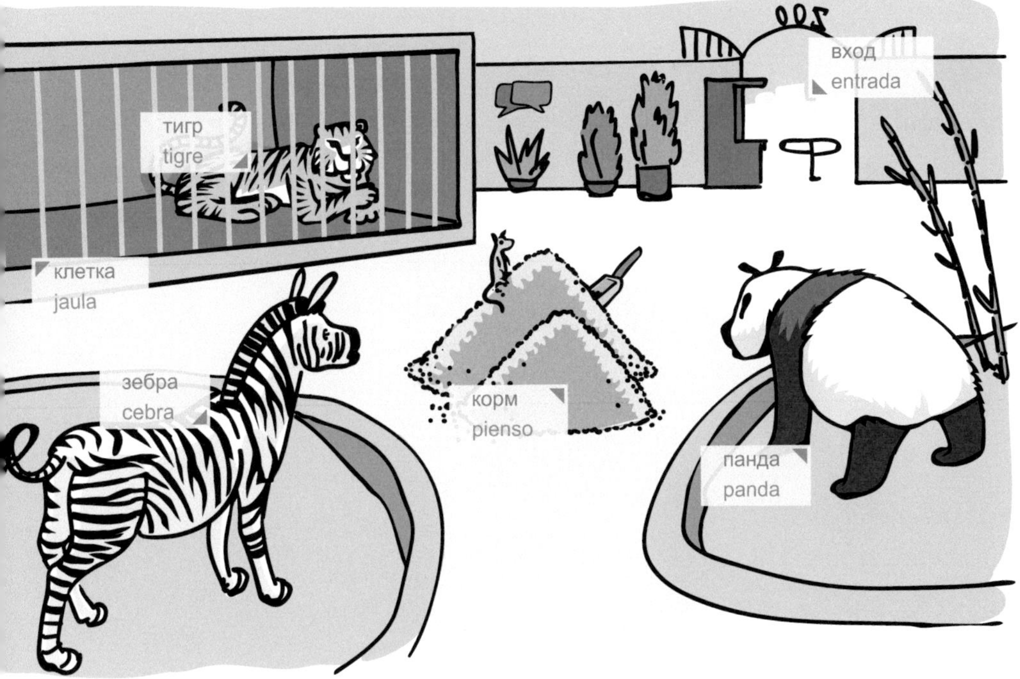

тигр
tigre
вход
entrada
клетка
jaula
зебра
cebra
корм
pienso
панда
panda

животные

animales

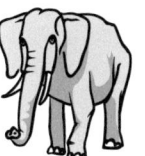

слон

elefante

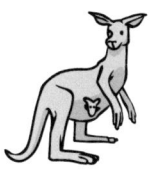

кенгуру

canguro

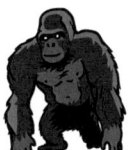

носорог

rinoceronte

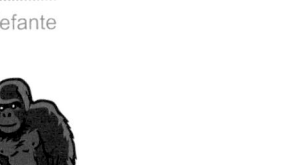

горилла

gorila

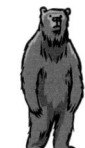

медведь

oso

верблюд

camello

страус

avestruz

лев

león

обезьяна

mono

фламинго

flamingo

попугай

loro

белый медведь

oso polar

пингвин

pingüino

акула

tiburón

павлин

pavo real

змея

serpiente

крокодил

cocodrilo

служитель зоопарка

guardián de zoológico

тюлень

foca

ягуар

jaguar

пони

poni

леопард

leopardo

бегемот

hipopótamo

жираф

jirafa

орёл

águila

кабан

jabalí

рыба

pescado

черепаха

tortuga

морж

morsa

лиса

zorro

газель

gacela

американский футбол
fútbol americano

езда на велосипеде
ciclismo

теннис
tenis

баскетбол
baloncesto

плавание
natación

бокс
boxeo

хоккей
hockey sobre hielo

футбол
fútbol

бадминтон
bádminton

лёгкая атлетика
atletismo

гандбол
balonmano

лыжный спорт
esquí

поло
polo

прыгать
saltar

смеяться
reír

обнимать
abrazar

идти
caminar

петь
cantar

мечтать
soñar

молиться
rezar

целовать
besar

писать
escribir

рисовать
dibujar

показывать
mostrar

нажимать
empujar

давать
dar

брать
tomar

иметь

tener

делать

hacer

быть

ser

стоять

estar de pie

бежать

correr

тянуть

tirar

бросать

tirar

падать

caer

лежать

yacer

ждать

esperar

носить

llevar

сидеть

estar sentado

надевать

vestirse

спать

dormir

просыпаться

despertar

рассматривать
mirar

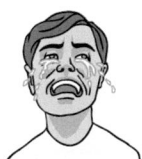

плакать
llorar

гладить
acariciar

причесывать
peinar

говорить
hablar

понимать
entender

спрашивать
preguntar

слушать
escuchar

пить
beber

кушать
comer

наводить порядок
ordenar

любить
amar

готовить
cocinar

ехать
conducir

летать
volar

ходить под парусом

navegar

считать

calcular

читать

leer

учиться

aprender

работать

trabajar

вступать в брак

casarse

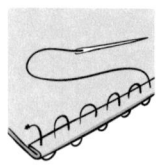

шить

coser

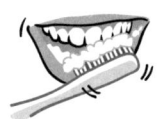

чистить зубы

cepillarse los dientes

убивать

matar

курить

fumar

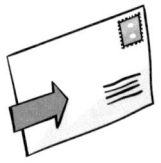

отправлять

enviar

семья
familia

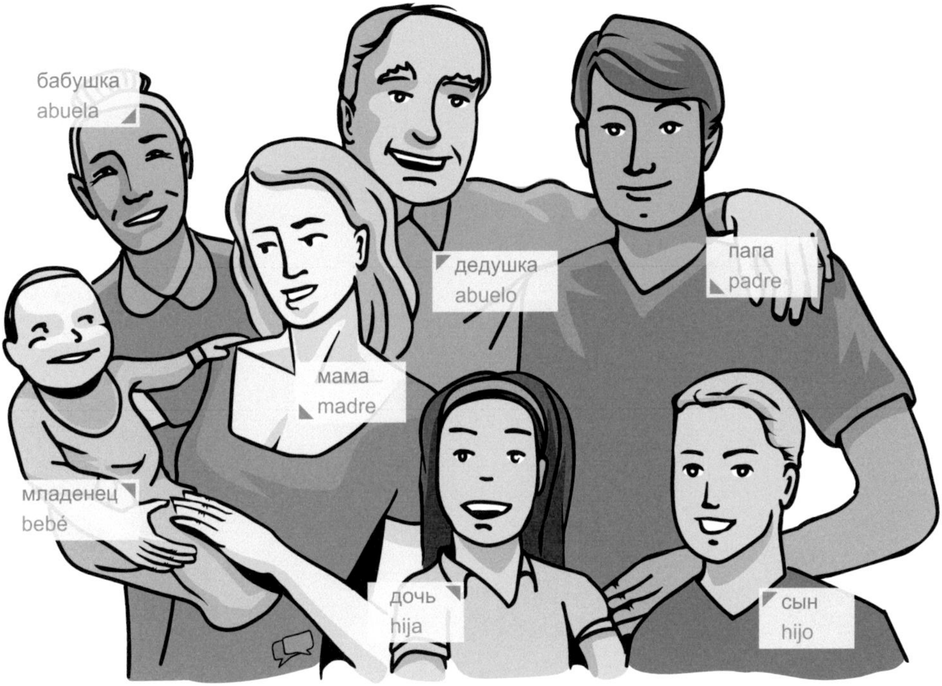
бабушка
abuela
дедушка
abuelo
папа
padre
мама
madre
младенец
bebé
дочь
hija
сын
hijo

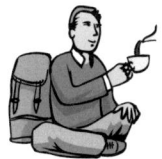

гость
invitado

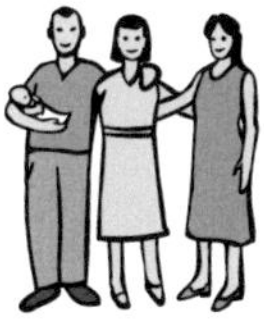

тетя
tía

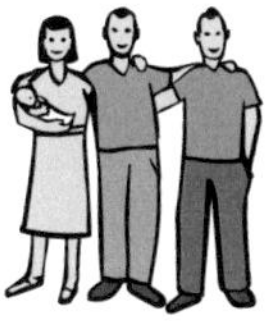

дядя
tío

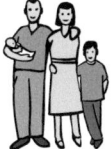

брат
hermano

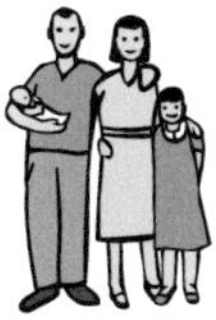

сестра
hermana

тело

cuerpo

лоб
frente
глаз
ojo
плечо
hombro
палец
dedo
лицо
cara
подбородок
barbilla
кисть
mano
нога
pierna
грудь
pecho
рука
brazo

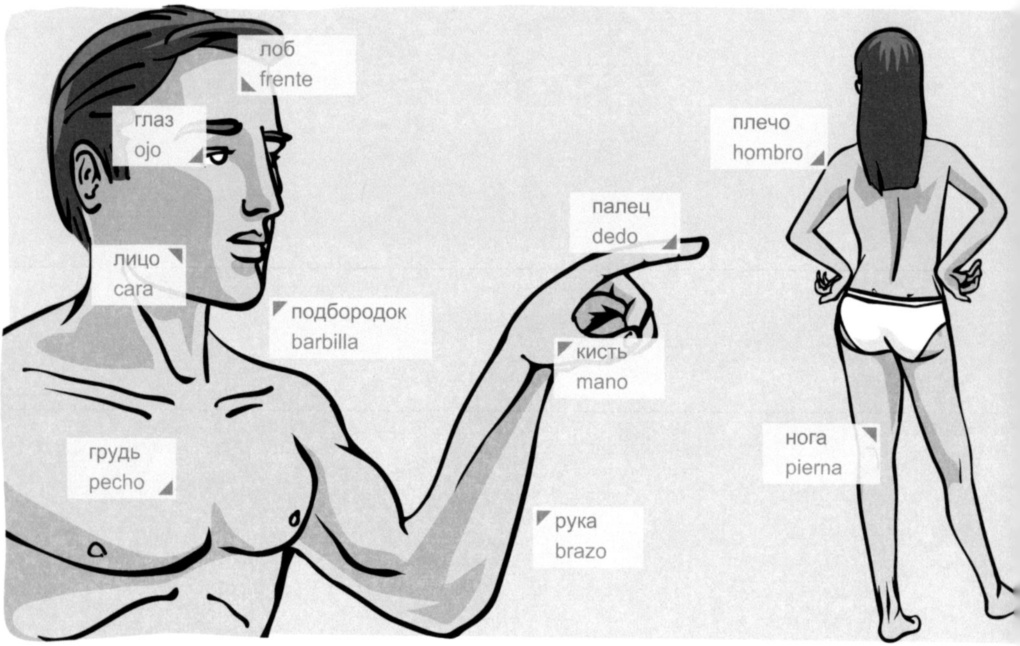

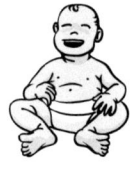

младенец

bebé

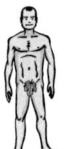

мужчина

hombre

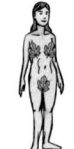

женщина

mujer

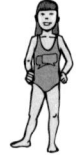

девочка

chica

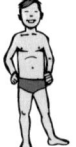

мальчик

chico

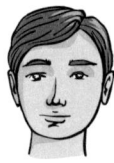

голова

cabeza

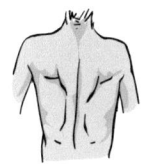

спина

espalda

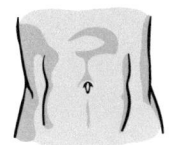

живот

vientre

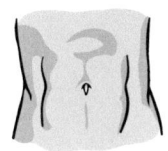

пупок

ombligo

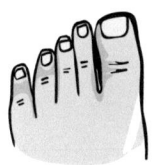

палец ноги

dedo del pie

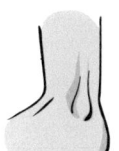

пятка

talón

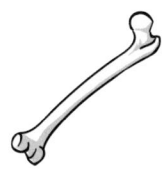

кость

hueso

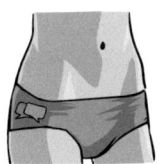

бедро

cadera

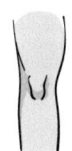

колено

rodilla

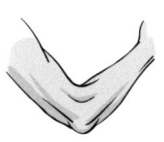

локоть

codo

нос

nariz

ягодицы

trasero

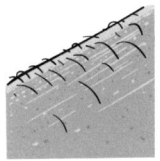

кожа

piel

щека

mejilla

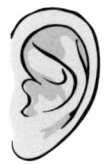

ухо

oído

губа

labio

рот

boca

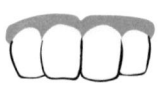

зуб

diente

язык

lengua

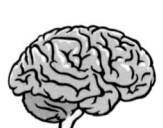

мозг

cerebro

сердце

corazón

мышца

músculo

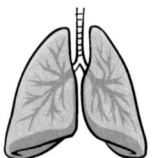

лёгкое

pulmón

печень

hígado

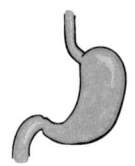

желудок

estómago

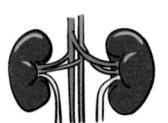

почки

riñones

половой акт

sexo

презерватив

condón

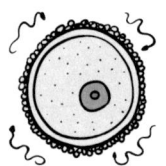

яйцеклетка

ovario

сперма

semen

беременность

embarazo

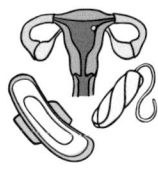

менструация

menstruación

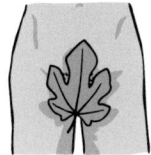

вагина

vagina

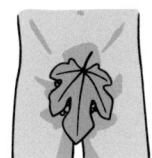

пенис

pene

бровь

ceja

волосы

pelo

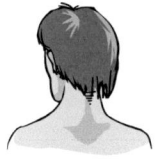

шея

cuello

больница
hospital

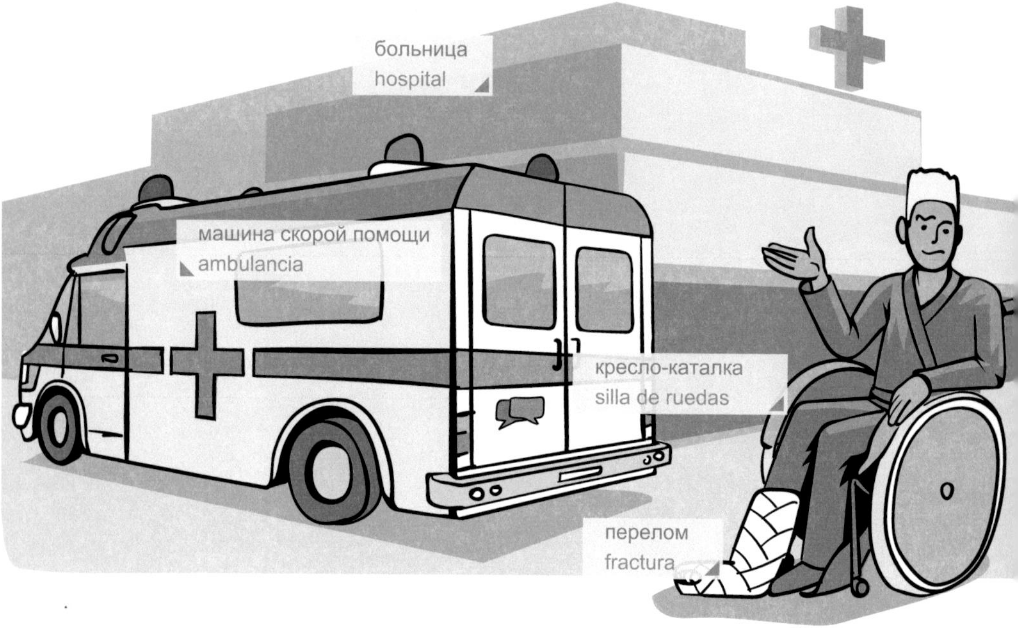

больница
hospital
машина скорой помощи
ambulancia
кресло-каталка
silla de ruedas
перелом
fractura

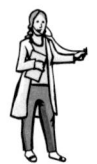

врач

médico

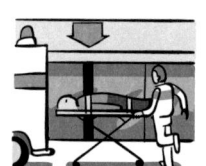

пункт первой помощи

sala de urgencias

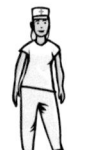

медсестра

enfermera

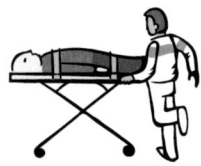

неотложный случай

urgencia

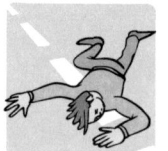

без сознания

inconsciente

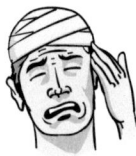

боль

dolor

повреждение

lesión

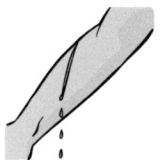

кровотечение

hemorragia

инфаркт

infarto

инсульт

ictus

аллергия

alergia

кашель

tos

овышенная температура

fiebre

грипп

gripe

понос

diarrea

головная боль

dolor de cabeza

рак

cáncer

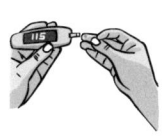

диабет

diabetes

хирург

cirujano

скальпель

bisturí

операция

operación

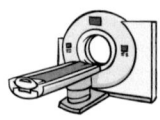

КТ

TAC

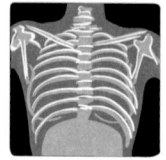

рентген

rayos x

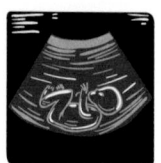

ультразвук

ultrasonido

маска

mascarilla

болезнь

enfermedad

приёмная

sala de espera

костыль

muleta

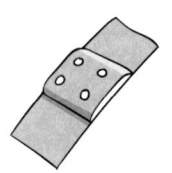

пластырь

tirita

бинт

venda

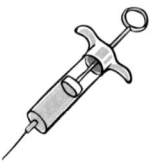

укол

inyección

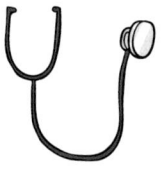

стетоскоп

estetoscopio

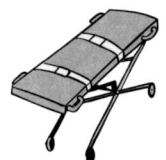

носилки

camilla

термометр

termómetro

рождение

nacimiento

избыточный вес

sobrepeso

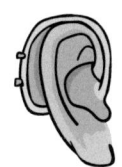

слуховой аппарат

audífono

дезинфекционное
средство
desinfectante

инфекция

infección

вирус

virus

ВИЧ / СПИД

VIH / SIDA

лекарство

medicina

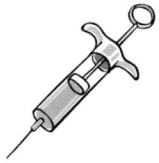

прививка

vacunación

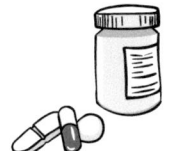

таблетки

tabletas

противозачаточная
таблетка
pastilla

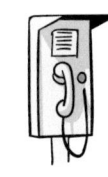

экстренный вызов

llamada de urgencia

прибор для измерения
кровяного давления
tensiómetro

больной / здоровый

enfermo / sano

Помогите!

¡Socorro!

сигнал тревоги

alarma

нападение

asalto

атака

ataque

опасность

peligro

запасной выход

salida de emergencia

Пожар!

¡Fuego!

огнетушитель

extintor de incendios

несчастный случай

accidente

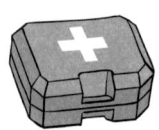

аптечка

botiquín de primeros
auxilios

SOS

SOS

милиция

policía

Европа

Europa

Северная Америка

Norteamérica

Южная Америка

Sudamérica

Африка

África

Азия

Asia

Австралия

Australia

Атлантический океан

Atlántico

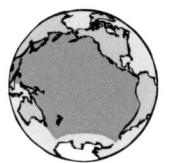

Тихий океан

Pacífico

Индийский океан

Océano Índico

Антарктический океан

Océano Antártico

Северный Ледовитый океан

Océano Ártico

Северный полюс

polo norte

Южный полюс

polo sur

Антарктика

Antártida

земля

tierra

суша

tierra

море

mar

остров

isla

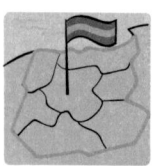

нация

nación

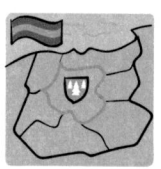

государство

estado

циферблат

esfera

часовая стрелка

manecilla de las horas

минутная стрелка

minutero

секундная стрелка

segundero

Который час?

¿Qué hora es?

день

día

время

tiempo

сейчас

ahora

электронные часы

reloj digital

минута

minuto

час

hora

неделя
semana

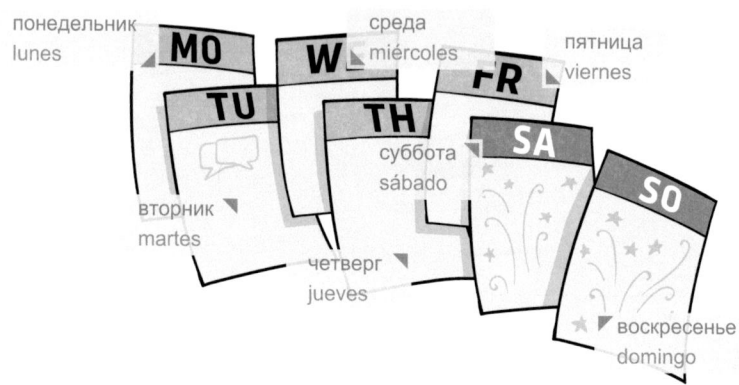

понедельник
lunes

среда
miércoles

пятница
viernes

вторник
martes

четверг
jueves

суббота
sábado

воскресенье
domingo

вчера

ayer

сегодня

hoy

завтра

mañana

утро

mañana

полдень

mediodía

вечер

tarde

MO	TU	WE	TH	FR	SA	SU
1	2	3	4	5	6	7
8	9	10	11	12	13	14
15	16	17	18	19	20	21
22	23	24	25	26	27	28
29	30	31	1	2	3	4

рабочие дни

días laborables

MO	TU	WE	TH	FR	SA	SU
1	2	3	4	5	6	7
8	9	10	11	12	13	14
15	16	17	18	19	20	21
22	23	24	25	26	27	28
29	30	31	1	2	3	4

выходные

fin de semana

дождь
lluvia

радуга
arcoíris

снег
nieve

ветер
viento

весна
primavera

осень
otoño

лето
verano

зима
invierno

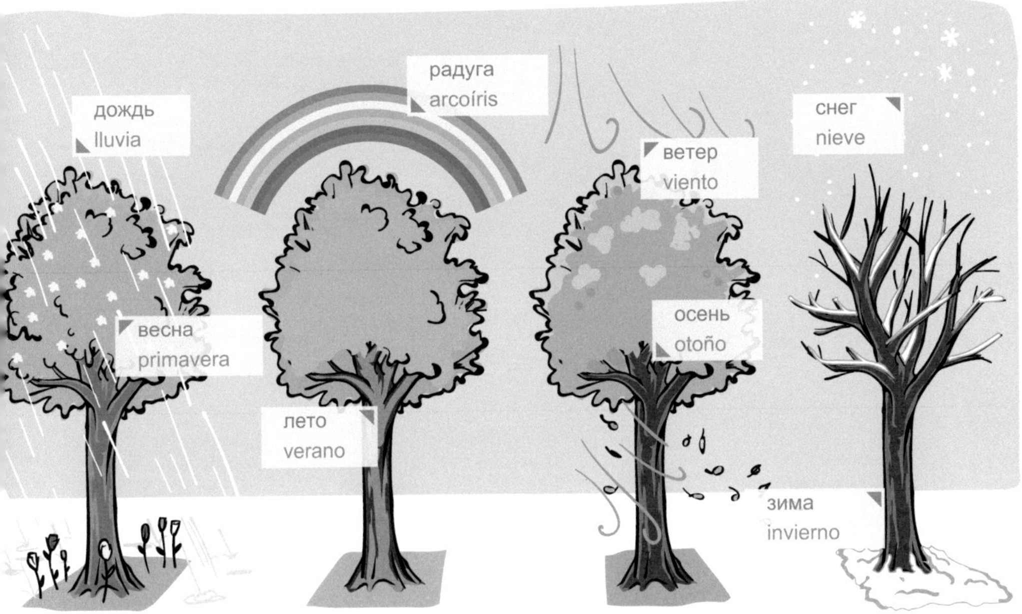

прогноз погоды

pronóstico del tiempo

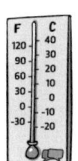

термометр

termómetro

солнечный свет

sol

туча

nube

туман

niebla

влажность воздуха

humedad

4.APRIL	11°	☀
5.APRIL	4°	⛅
6.APRIL	13°	🌧
7.APRIL	8°	❄
8.APRIL	10°	☀

молния

rayo

гром

trueno

буря

tormenta

град

granizo

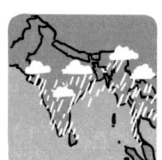

муссон

monzón

наводнение

inundación

лёд

hielo

январь

enero

февраль

febrero

март

marzo

апрель

abril

май

mayo

июнь

junio

июль

julio

август

agosto

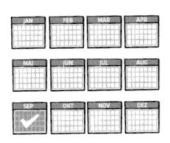

сентябрь

septiembre

октябрь

octubre

ноябрь

noviembre

декабрь

diciembre

формы

formas

круг

círculo

квадрат

cuadrado

прямоугольник

rectángulo

треугольник

triángulo

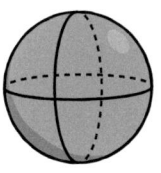

шар

esfera

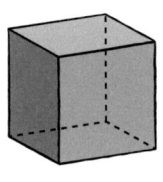

куб

cubo

белый

blanco

желтый

amarillo

оранжевый

anaranjado

розовый

rosa

красный

rojo

лиловый

morado

синий

azul

зелёный

verde

коричневый

marrón

серый

gris

черный

negro

много / мало

mucho / poco

яростный / мирный

enojado / tranquilo

красивый / уродливый

bonito / feo

начало / конец

principio / fin

большой / маленький

grande / pequeño

светлый / темный

claro / oscuro

брат / сестра

hermano / hermana

чистый / грязный

limpio / sucio

полный / неполный

completo / incompleto

день / ночь

día / noche

мёртвый / живой

muerto / vivo

широкий / узкий

ancho / estrecho

съедобный / несъедобный

comestible / no comestible

злой / дружелюбный

malo / amable

взволнованный / скучающий

entusiasmado / aburrido

толстый / худой

gordo / delgado

сначала / в конце

primero / último

друг / враг

amigo / enemigo

полный / пустой

lleno / vacío

твёрдый / мягкий

duro / blando

тяжёлый / легкий

pesado / ligero

голод / жажда

hambre / sed

больной / здоровый

enfermo / sano

незаконный / законный

ilegal / legal

умный / глупый

inteligente / tonto

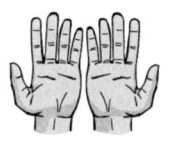

слева / справа

izquierda / derecha

близко / далеко

cerca / lejos

новый / подержанный

nuevo / usado

ничто / нечто

nada / algo

старый / молодой

viejo / joven

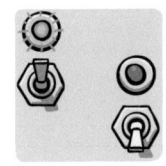

включено / выключено

encendido / apagado

открыто / закрыто

abierto / cerrado

тихо / громко

silencioso / ruidoso

богатый / бедный

rico / pobre

правильный /
неправильный
correcto / incorrecto

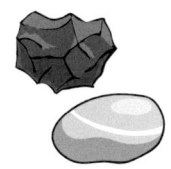

шероховатый / гладкий

áspero / suave

печальный / счастливый

triste / contento

короткий / длинный

corto / largo

медленный / быстрый

lento / rápido

мокрый / сухой

húmedo / seco

тёплый / прохладный

cálido / frío

война / мир

guerra / paz

противоположности - opuestos

0

ноль

cero

1

один

uno

2

два

dos

3

три

tres

4

четыре

cuatro

5

пять

cinco

6

шесть

seis

7

семь

siete

8

восемь

ocho

9

девять

nueve

10

десять

diez

11

одиннадцать

once

12

двенадцать

doce

13

тринадцать

trece

14

четырнадцать

catorce

15

пятнадцать

quince

16

шестнадцать

dieciséis

17

семнадцать

diecisiete

18

восемнадцать

dieciocho

19

девятнадцать

diecinueve

20

двадцать

veinte

100

сто

cien

1.000

тысяча

mil

1.000.000

миллион

millón

цифры - números

английский

inglés

американский английский

inglés americano

мандаринский китайский

chino mandarín

хинди

hindi

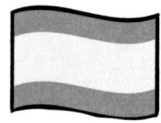

испанский

español

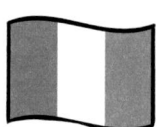

французский

francés

арабский

árabe

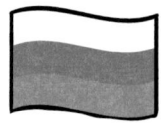

русский

ruso

португальский

portugués

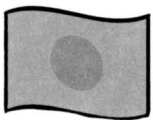

бенгальский

bengalí

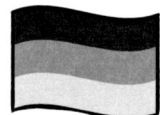

немецкий

alemán

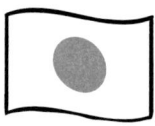

японский

japonés

я

yo

ты

tú

он / она / оно

él / ella / ello

мы

nosotros/as

вы

vosotros/as

они

ellos/as

кто?

¿quién?

что?

¿qué?

как?

¿cómo?

где?

¿dónde?

когда?

¿cuándo?

имя

nombre

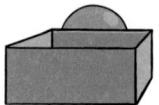

за

detrás

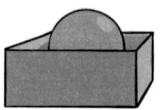

в

en

перед

delante de

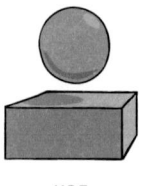

над

por encima de

на

sobre

под

debajo de

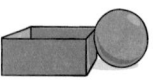

рядом

junto a

между

entre

место

lugar